発刊にあたって

全日本児童音楽協会 会長
塚本 一実

子どもから

みんなが歩く

音の道

2022年6月24日

目　次

※カッコ内は歌詞掲載ページを示す。
※作曲の都合で一部歌詞組と違う箇所があります。

対象　小学校中学年から

朝顔の君

さいとうかよこ　作詞
伊沢天寿　作曲

作品へのコメント

子どもの頃、夏の朝にたくさん咲いている朝顔を見たときはとても嬉しい気持ちになりました。
朝顔のように、元気な笑顔で皆さんが歌ってくれれば嬉しいです。（伊沢天寿）

13
ね ー あ か ね い ろ の よ り そ っ て だ い だ い い ろ の
17
た い よ う が お は よ う お は よ う あ の む ら さ き は あ さ
21
が お の き み だ っ た
25

アスパラ パラパラ

東西　薫　作詞
松岡まさる　作曲

作品へのコメント

大好きなアスパラのみずみずしさと美味しさを思い浮かべて作詞しました。リズムに乗り、全身で弾けながら歌って下さい。（東西薫）

アスパラ嫌いな子供達にもアスパラのことをもっと知ってもらい、アスパラが好きになってもらえるような軽快なリズムとメロディーで作ってみました。（松岡まさる）

11
f
おひさまそらから キラ キラ キラ ッ そろそろでようか
そーらにむかって コン ニチ ハー ッ さあさあおたべよ
それよりサラダで パク パク パク ッ はごたえバッチリ
14
1. 2.
3.
グイ グイ グイ ー
モグ モグ モグ ー
ああ おい しー ー キラキラグイグイ
17
ゴク ゴク ワオー キラキラグイグイ モ グ モグ ワオー
20
mf
rit.
f
キラキラグイグイ パ ク パク

朝顔の君

さいとうかよこ

夜明けの　薄紫　うすむらさき
空は静かに
明けの色は紫重
あかね色の　寄り添って
だいだい色の　太陽が
おはよう　おはよう

あの紫は　朝顔の君だった

アスパラ　パラパラ

東西　薫

一、アスパラパラパラ　土の中
たっぷりお水を　ゴクゴクゴク
すっかり育って　さあ出番
お日さま空から　キラキラキラ
そろそろ出ようか　グイグイグイ

二、アスパラパラパラ　土の中
美味しさいっぱい　ムフムフムフ
一気に地面を　つき破り
空に向って　コンニチハ
さあさお食べよ　モグモグモグ

三、アスパラパラパラ　採ってきた
何して食べよか　クンクンクン
焼いても煮ても　うまいはず
それよりサラダで　パクパクパク
歯ごたえバッチリ　ああ美味し

キラキラグイグイゴクゴク　ワオ！
キラキラグイグイモグモグ　ワオ！
キラキラグイグイパクパク　ワオ！

イケメン野菜の歌

遙　北斗

泥んこまみれの　ジャガイモちゃん
洗い落とせば　さわやかで
エクボがとても　チャーミング
丸顔素敵な　人気者

スタイル抜群　ニンジンさん
シワはあるけど　まだ若い
夕焼け色に　ほほ染めて
引っ込み思案の　照れ屋さん

色白すべすべ　大根くん
広いおでこが　目立ちます
緑の髪が　お似合いで
みずみずしいねと　言われます

カスタネット

藤岡　きみこ

風の中のカスタネット
はずんで　はずんで
石段のぼる
ならしているのはだれ
それは
天使と子供たち

風の中のカスタネット
とおくへ　とおくへ
林をぬける
きいているのはだれ
それは
わたしと福寿草

イケメン野菜の歌

遙　北斗　作詞
中田恒夫　作曲

作品へのコメント

イケメン野菜たちが入れ替わり立ち替わりステージに登り、気のいい仲間から紹介されます。少し得意げな野菜たちのユーモラスな表情を想像して、リズム良く楽しんで歌ってみて下さい。（中田恒夫）

a tempo
1. 2.
まるがお すてきな にんき もの
ひっこみ じあんの てれや さん
みずみず しいねと
3.
いわれます

カスタネット

藤岡きみこ　作詞
木下紀子　作曲

作品へのコメント

朝の光の中聞こえてくるカスタネット。
とてもさわやかに聞こえてきます。（藤岡きみこ）

軽やかで愛らしい作品です。歌詞にある福寿草は、春になる頃、足元の近くで黄色い可憐な花を咲かせます。カスタネットの明るい響きを感じながら、優しい気持ちで演奏してください。（木下紀子）

ならしているのはだれ それは
きーいているのはだれ それは
てんしと こどもたち
わたしと
ふくじゅそうー
riten.

風さんあそぼ

田沢節子　作詞
藤元薫子　作曲

作品への
コメント

つい歌いたくなってしまう軽やかな曲を目指して作曲しました。本当に風さんといっしょに遊べたら嬉しいですね。リズムに乗って楽しく歌いましょう。（藤元薫子）

13
かれはがかさこそかさこそおってくる
どこかなどこかなどこかなほらあそこ
17
1.
たつまきひゅるるるひゅるるるうごけないつかまっちゃった
きのえだゆらゆらゆらゆらゆれてるよほら
21
2.
みつけた かぜさん かぜさん どこいくの かぜさん かぜさん
25
どこいくの もいちど しようよ かぜさん かぜさん

風さんあそぼ

田沢節子

風さん　風さん
あそぼ
おにごっこしよう
風さん　みんなをつかまえてね（そらにげろ）
かれ葉が　かさこそ　追ってくる
たつまきひゅるる　動けない
（つかまっちゃった）

風さん　風さん
つぎは
かくれんぼしよう
風さんかくれて「もういいかい」（もういいよ）
どこかな　どこかな　ほらあそこ
木の枝ゆらゆら　ゆれてるよ（ほらみつけた）
風さん　風さん　どこいくの
もいちどしようよ　風さんあそぼ

かもめの言葉

小泉明子　作詞
小林聡羅　作曲

作品へのコメント

日曜・祭日をさけて港に行くとカモメとお話しが出来る様な感じがいたします。皆様ぜひ一度おいで下さいませ。（小林聡羅）

13
mf
p
ゆりかもめ　おきもの　みたいに　うごかないー
19
mf
f
もしも　かもめの　ことばが　わかったら
25
mf
p
どうしたのって　ききたいな
mp
31
mp
おいかけごっこを

37
し て る の か　ほ か の　か も め は　う み の う え
43
い っ た り　き た り で　あ そ ん で　る ー　も し も
49
か も め の　こ と ば が　わ か っ た　ら　と ん で　ご ら ん と
55
い い た い　な

きらきらひかる

三木ちかこ 作詞
新藤理恵 作曲

作品へのコメント

テンポが速くならないように気をつけて、情景を思い浮かべながら歌ってください。
（新藤理恵）

11
mf
poco rit.
a tempo
rit.
f
りょうてでうけて かおってみれば からだのなかまで ふんわりあまい
りょうてでうけて のぞいてみれば からだのなかまで すずしくなるよ
りょうてでうけて ながめてみれば からだのなかまで あかくそまるよ
りょうてでうけて しずかにふけば ふわりとかーるく ゆきのはなさく
a tempo
mf
poco rit.
f
rit.
a tempo
15
mf
mp
さらさらさらさら さくらのはなびら
ぴかぴかぴかぴか みずたましーぶき
はらはらはらはら もみじのはーっぱ
ふわふわふわふわ まっしろいーゆき
a tempo
mf
mp
19
1. 2. 3.
4.

かもめの言葉

小泉明子

はねを痛めているのかな
船のヘサキのゆりかもめ
置物みたいに動かない
もしも
かもめの言葉がわかったら
どうしたのって
　　　聞きたいな

追いかけごっこをしてるのか
他のかもめは海の上
行ったり来たりで遊んでる
もしも
かもめの言葉がわかったら
とんでごらんと
　　　言いたいな

きらきらひかる

三木ちかこ

さらさら　さらさら　さくらのはなびら
きらきら　きらきら　はるのひに
ひかって　まいちる　さくらのはなびら
りょうてで　うけて　かおってみれば
からだの　なかまで　ふんわり　あまい
さらさら　さらさら　さくらのはなびら

ぴかぴか　ぴかぴか　みずたましぶき
きらきら　きらきら　なつのひに
ひかって　とびちる　みずたましぶき
りょうてで　うけて　のぞいてみれば
からだの　なかまで　すずしくなるよ
ぴかぴか　ぴかぴか　みずたましぶき

はらはら　はらはら　もみじのはっぱ
きらきら　きらきら　あきのひに
ひかって　まいちる　もみじのはっぱ
りょうてで　うけて　ながめてみれば
からだの　なかまで　あかくそまるよ
はらはら　はらはら　もみじのはっぱ

ふわふわ　ふわふわ　まっしろいゆき
きらきら　きらきら　ふゆのひに
ひかって　まいちる　まっしろいゆき
りょうてで　うけて　しずかにふけば
ふわりと　かるく　ゆきのはなさく
ふわふわ　ふわふわ　まっしろいゆき

対象 小学校中学年から高学年向き

くつクック

田沢節子　作詞
藤脇千洋　作曲

作品へのコメント

コロナなんて「とんで逃げろ」という気持ちで明るくワルツに仕上げました。
ルンルンで歌ってください。（藤脇千洋）

10
も いっ しょ ー で す ー
で ま え む ー い て ー
こ へ い き ー だ よ ー
15
クッ ク ク クッ ク ク
クッ ク ク クッ ク ク
クッ ク ク クッ ク ク
19
な か よ し こ よ し ー
な か よ し こ よ し ー
な か よ し こ よ し ー
23
お で か け よ ー ク ク ク ク クー
お で か け よ ー ク ク ク ク クー
は しゃ い で る ー ク ク ク ク クー

27
お く つ が は ず め ば こ こ ろ も は ず む
お く つ が わ ら え ば お は な も わ ら う
お く つ が は ね れ ば ど ろ ん こ は ね る
31
クッ ク クッ ク クッ ク ク
クッ ク クッ ク クッ ク ク
クッ ク クッ ク クッ ク ク
35
こ こ ろ も は ず ー む
お は な も わ ら ー う
ど ろ ん こ は ね ー る
39
♩≒96
♩≒96 やさしい気持ちで
おくつはふたごの きょうだいね ふたつでひとつの くつだから
（3回繰り返す）

くつクック

田沢節子

おくつはふたごの　きょうだいね
どこへいくのも　いっしょです
クック　クック
なかよしこよし　おでかけよ
おくつがはずめば　心もはずむ

おくつはふたごの　きょうだいね
いつもならんで　まえむいて
クック　クック
なかよしこよし　おでかけよ
おくつがわらえば　お花もわらう

おくつはふたごの　きょうだいね
雨やどろんこ　へいきだよ
クック　クック
なかよしこよし　はしゃいでる
おくつがはねれば　どろんこはねる

ふたつでひとつの　くつだから
はなればなれは　かなしいよ
クック　クック
どこへいったの　さがしたよ
私がねむれば　おくつもねんね

心の花

秋山くに 作詞
岩下周二 作曲

作品へのコメント

なぜだろう、シンプルでストレートな言葉ほど声に出すのが難しいもの。ならばみんなで歌ってしまおう、元気なリズムに乗っけてしまおう。そのうち、いつも難しくて回りくどい言葉ばかり並べ立ててる「おエライ人たち」に歌ってもらえたら、世界は変わってくれるかな……ごくわずかでも。（岩下周二）

9
1. 2.
3.
(1.)やさしい
(2.)あかるい
(3.)ひろい
こころのはながいい
div. a 2
13
f
(1.)なかよしこよしのともだちが
(2.)にこにこたのしいともだちが
(3.)だれでもなかまになれるよう
17
1. 2.
mf
まわりにたくさーん あつまるでしょ
まわりにたくさーん あつまるでしょ
ひーろい
sf
mp

心の花

秋山くに

一、花をさかそう　心に花を
やさしい心の花がいい
なかよしこよしの　ともだちが
まわりにたくさん　あつまるでしょう

二、花をさかそう　心に花を
あかるい心の花がいい
にこにこたのしい　ともだちが
まわりにたくさん　あつまるでしょう

三、花をさかそう　心に花を
ひろい心の花がいい
だれでもなかまになれるよう
ひろい世界に　花さかそう

こころは地球

笛木あゆ 作詞
伊沢天寿 作曲

作品へのコメント

この曲が皆さんが強く生きていける気持ちになることのきっかけになれば嬉しいと思い作りました。優しくも何か一つ強い気持ちを持って歌ってくれると嬉しいです。強弱記号はあくまで目安ですので皆さんの気持ちが動くがままに歌ってください。

（伊沢天寿）

13
f
け れ ど こ こ ろ は ち きゅうに ー い き て い ー る た と え く ら
い て も こ こ ろ は ち きゅうに ー い き て い ー る た と え あ ら
f
16
や み ー つ づ い て も あ し た ー は ー か
な み ー つ ら く て も ぼ く ら ー は ー け
mf
20
な ら ず ー や っ て く る さ ぁ め ざ め ー よう ひかり を あ び
ー し て ー く じ け な い さ ぁ め ざ め ー よう て を と り あ
f
23
ー て ち きゅう の み ら いを ー ー い き
ー て ち きゅう の み ら いを ー ー い き

こころは地球

笛木あゆ

土に眠る　何万年も
夢を抱いて　春を待つ
ひとつひとつは　小さいけれど
こころは地球に　生きている
たとえ暗やみ　続いても
明日《あした》は必ず　やってくる
さあ目覚めよう　光をあびて
地球の未来を　生きるんだ

海に眠る　何万年も
夢を抱いて　揺れている
ひとつひとつは　離れていても
こころは地球に　生きている
たとえ荒波　つらくても
ぼくらは決して　くじけない
さあ目覚めよう　手をとりあって
地球の未来を　生きるんだ

ごはん

鳥羽山美和 作詞
小 鹿　紡 作曲

作品へのコメント

とってもチャーミングな曲を作っていただきました。おいしいごはんは、元気のみなもと。おなかいっぱい食べて、明日もみんなで頑張りましょう！（鳥羽山美和）

「ぱくぱく」「ごっくん」等のリズミカルな語感を可愛らしく生かせたらという思いで作りました。言葉の言葉の間の余白や、うたと伴奏の掛け合いを楽しんで演奏していただけたら幸いです。（小鹿紡）

9
トンカツだ　あしたのしあいにかつ
13
ように　ママがつくってくれたんだ
17
サクサク　あつあつ　ぱくぱく　ごっくん
21
ぜんぶたべたら　ちからがついた

25
29
p
きょうの ごはん は そうめん だ かなし いことが
p
34
あっ たか ら いまいちおなかが すかないな
38
mp
なみだ ポロポロ ツルツル ごっ くん
mp

42
f
ぜんぶたべたら げんきでた
46
f
きょうの ごはんは やきぎょうざ
50
mf
くやしいことが あったけど ぷりぷりしながら
54
ほおばった ガツガツ ばりばり

ごはん

鳥羽山美和

今日のごはんは　トンカツだ
あしたの試合に　勝つように
ママが作って　くれたんだ
サクサク　あつあつ
パクパク　ごっくん
全部食べたら　力がついた

今日のごはんは　そうめんだ
悲しいことが　あったから
いまいちおなかが　すかないな
なみだ　ポロポロ
ツルツル　ごっくん
全部食べたら　元気出た

今日のごはんは　焼きぎょうざ
くやしいことが　あったけど
ぷりぷりしながら　ほおばった
ガツガツ　ばりばり
むしゃむしゃ　ごっくん
全部食べたら　もう笑顔

コンペイトウダンゴムシ

草　丈

まるくなるだけがかわいいと
おもっていない？
とんがってるボクもあいしてよ
あかるくなってもゴハンのじかん
もりのなかをだいぼうけん

いえのちかくにすんでいると
おもっていない？
ワイルドなボクもあいしてよ
くらくなってもゴハンのじかん
もりのなかをきもだめし

コンペイトウダンゴムシ

草　丈　作詞
安元 麦　作曲

作品へのコメント

ピアノのリズムをよく感じながら歌いましょう！
「ボクもあいしてよ」の部分は可愛らしく歌いましょう！（安元麦）

7
ー　おもって　いない?　とんがってる　ボ
cresc.
f
10
mf
ーク　も　あい　してよー
f
あかるくなっても
p
mf
13
ーゴハンのじかん　もり　のなかをー　だい　ぼう　けんー
16
mf
とんがってる　ー
poco riten.
f
p
ボ　ー　クも
poco riten.
f
p

(poco riten.) - - - - - a tempo
あい　してよー
(poco riten.) - - - - - a tempo
いえの　ー　ーちかくに　ちかくに
すんでいるーとー　おもって　いない?　ワイル
cresc.
ドなー　ボーク　も　あい　してよー

くらくなっ て も ーゴハンのじかん もり のなかをー
きも だめしー ワイル ド なー ー
poco riten. a tempo
ボ ー ク も あ い してよー
molto rit.
Lento
sec.

さくらの木のしたで

むかいゆうこ　作詞
むかいゆうこ　作曲

作品へのコメント

さくらの木の下でおままごとをするのが大好きだったさくらちゃん。さくらちゃんの誕生木は、さくらちゃんと共に成長し、今では見上げるほどになりました。桜の花が咲くころになると、お母さんとのなつかしい思い出に心が満たされ、優しい気持ちになります。そんなお話のひと場面を詩にしてみました。（むかいゆうこ）

13
mp
17
21
p
さくらのつぼみが　はなひらき　はらりとはなびら　まっていますー　お
p
25
かあーさん　おかあーさん　はなしてくれた　なえ木をうえた　日のことを

29
mp
33
37
p
p
りょう て を ひ ろ げ て み あ げ て み れ ば と お く ち か く に か お り ま す ー お
41
か あー さん お か あー さん て ん た か く お そ ら は や さ し い さ く ら い ろ ー
riten.
riten.

45
a tempo
mp
さくらのはなが さくころに おさないこ ろを おもいます ーお
49
poco a poco cresc.
かあーさん おかあーさん みまもってくれた わたしのいくみち きたみちを
53
mf
espressivo
rit.
さくら さくら さくらの木 わたしといっしょに そだった木
59
a tempo
pp sotto voce
お かあーさん お かあーさん お かあーさん の こえを

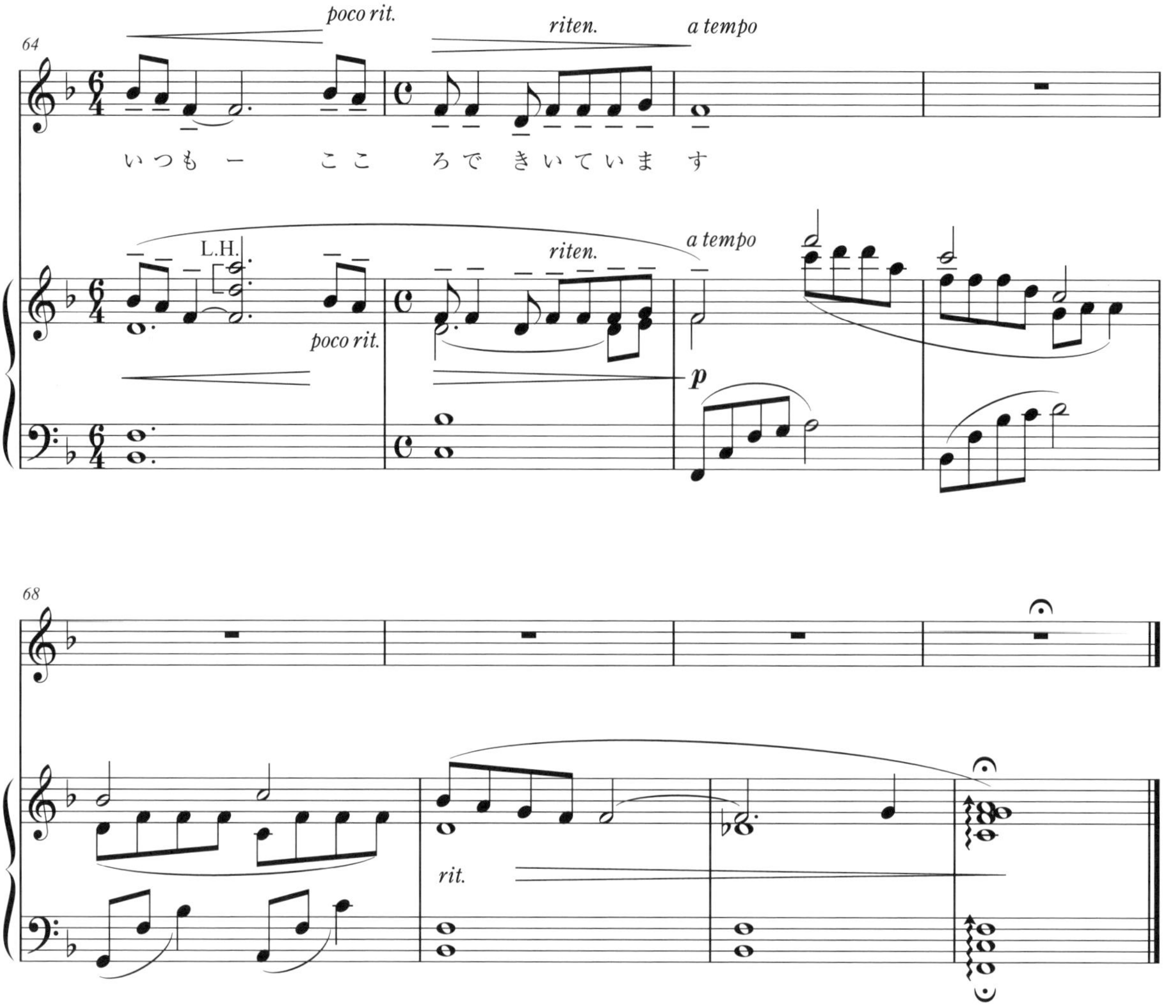
64
poco rit.
riten.
a tempo
いつもー　ここ　ろで　きいていま　す
L.H.
riten.
a tempo
poco rit.
p
68
rit.

さくらの木の下で

むかいゆうこ

さくらの　つぼみを　ながめていると
やさしい　おかおが　うかびます
おかあさん　おかあさん
はなしてくれた
わたしが　うまれた　日のことを

さくらの　つぼみが　はなひらき
はらりと　はなびら　まっています
おかあさん　おかあさん
はなしてくれた
なえ木を　うえた　日のことを

りょうてを　ひろげて　みあげてみれば
とおく　ちかくに　かおります
おかあさん　おかあさん
てん　たかく
おそらは　やさしい　さくらいろ

さくらの　はなが　さくころに
おさないころを　おもいます
おかあさん　おかあさん
みまもってくれた
わたしの　いくみち　きたみちを

さくら　さくら　さくらの木
わたしと　いっしょに　そだった木
おかあさん　おかあさん
おかあさんの　こえを
いつも　こころで　きいています

さくら咲く国　日本

野田裕司

さくら咲く国　島の国
春が始まる　南から
海越え陸越え　便りを乗せて
あの島この島　花の道
桜前線　OH　列島駆け昇る

さくら咲く国　四季の里
春は満開　樹の下で
野を越え川越え　笑顔に染めて
あの里この里　花の道
桜前線　OH　列島駆け巡る

さくら咲く国　北の町
春を待ってる　人がいる
山越え谷越え　希望を連れて
あの町この町　花の道
桜前線　OH　列島駆け抜ける

さくら咲く国日本

野田裕司　作詞
北澤秀夫　作曲

作品へのコメント

日本の春と言えば、さくら。南から北へと列島を繋いでいます。開花の便りとともに、人々は元気をもらい、生きる力も湧いてきます。そんな情景を、自分が「さくら前線」になったつもりで、駆け昇り巡り、駆け抜けてみました。（野田裕司）

楽しそうに身体を動かして下さい。Tempoは演奏者の自由。（北澤秀夫）

13
うみこえ おかこえ たよりを のせて
のをこえ かわこえ えがおに そめて
やまこえ たにこえ きぼうを つれて
17
あのしま このしま はなのみち
あのさと このさと はなのみち
あのまち このまち はなのみち
21
さくらぜんせん オー
さくらぜんせん オー
さくらぜんせん オー
25
れっとう かけのぼる ーヤ
れっとう かけめぐる ーヤ
れっとう かけぬける ーヤ
（手をたたく）

対象　小学校高学年から大人まで

しあわせたんけんたい

『第2回 新しい子どものうた作詞コンクール』
チューリップ賞（最優秀賞）受賞作品

甲斐絢子　作詞
木下紀子　作曲

作品へのコメント

前を向いて一歩踏み出す勇気や、仲間を信じる気持ちの中には、大きなエネルギーが秘められています。歌詞を読んで思ったことや考えたことを大切にして、晴れやかな気持ちで演奏してください。（木下紀子）

12
mp marcato
き ひと りにひとつ かが やくゆめを さがしにゆこ
も しん じるきもち わす れずゆめを
mp
16
mf
う いーっぽ ふみ だせば ゆう き わいてく
わらう それ だけで てとて あわせれ
mf
Ped. simile
20
cresc.
る ちか らをあわせ えが いてゆこう かが やくみら
ば たち まちげんき あふ れてくるよ ふしぎななか
cresc.
24
f
い ー ぼくらはしあわせ たんけんたい ちず
ま ー あす
f

28
も コンパスも ないけれど たのしいこと うれしいこと
も あさーっても かわらない つよいきずな あついおもい
それ
Ped. simile
32
が きーっと みちしるべ ぼくらはしあわせ たんけんたい
みち
いつ
36
に まよーっても へーっちゃらさ よりみちしてみ えるけしき
か さよならを するけれど むねのおくので あいすべて
それ
40
p
(mf)
1.
2.
も きーっと たからもの ー 2.なん ー
Ped.

しあわせたんけんたい

甲斐絢子

一、すすめ　どこまでも
ぐっと　まえをむき
ひとりに　ひとつ　かがやくゆめを
さがしにゆこう

いっぽ　ふみだせば
ゆうき　わいてくる
ちからを　あわせ　えがいてゆこう
かがやくみらい

ぼくらは　しあわせたんけんたい
ちずも　コンパスも　ないけれど
たのしいこと　うれしいこと
それがきっと　みちしるべ
ぼくらは　しあわせたんけんたい
みちに　まよっても　へっちゃらさ
よりみちして　みえるけしき

二、なんど　ころんでも
なみだ　ながしても
しんじる　きもち　わすれずゆめを
さがしにゆこう

わらう　それだけで
てとて　あわせれば
たちまち　げんき　あふれてくるよ
ふしぎななかま

ぼくらは　しあわせたんけんたい
あすも　あさっても　かわらない
つよいきずな　あついおもい
それがきっと　みちしるべ
ぼくらは　しあわせたんけんたい
いつか　さよならを　するけれど
むねのおくの　であいすべて
それもきっと　たからもの

じいちゃんの祈り

清水みどり 作詞
久保共生 作曲

作品へのコメント

じいちゃんがいなくなってしまったことへの寂しさとともに、じいちゃんの優しさや温かさをも感じながら歌ってください。（久保共生）

14
のるのー　しわしわ　のー　りょうてあわせて
B
19
p
mp
dim.
ぼくのことを　よろしくって　どうかしあわせにーなり
23
p
ますようにって　まいあさーせ　すじのばして
27
mf
C
いのるのー　おひさまが　のぼるはれた

31
p
ひ いつも いのるの ー ぼくは だまって
p
35
D
そばでみて ー るの
mp
39
rit. - - - - - - - - - - - a tempo
E
p
じいちゃんはね
pp
43
あさは にわのいどで かお を あらうのー

47
p
ぼ く は ポ ン プ で み ず を く み だ し ー め
51
F
mp
が ね と い れ ば あ ら う の を み て る の
56
mf
G
ま い あ さ ー ご は ん を た べ る ま え に
60
mp
ふ た り で し て た お し ご と

H
じ いちゃん が い な く なっ て も ぼ く は ひ と り
riten. a tempo
で おひさまに てを あわ せ ー る
8va
I
の
rit.

じいちゃんの祈り

清水みどり

一、じいちゃんはね
朝はお日様に向かって祈るの
しわしわの両手合わせて
僕のことをよろしくって
どうか幸せになりますようにって
毎朝背筋伸ばして祈るの
お日様が昇る晴れた日いつも祈るの
ぼくは黙ってそばで見てるの

二、じいちゃんはね
朝は庭の井戸で顔を洗うの
ぼくはポンプで水を汲み出し
眼鏡と入れ歯洗うのを見てるの
まい朝ごはんを食べる前に
二人でしてたおしごと
じいちゃんが居なくなっても
ぼくは一人でお日様に手を合わせるの

すきすき　モースキート・ラブ

下司愉宇起

一、夜中にそっと
君の耳元でささやくボク

すきすき！すきさ！
モースキーさ
美味しそう！

ハッとあわてて目をさます
きみもボクがすきなのかい？
闇に紛れたボク、
なかなか見つけられないだろう？

二、昼間にだって
君の側にいてひっつくぼく

すきすき！すきだ
モースキーだ
美味しそう

ハッとあわててぼくさがす
君もぼくがすきなのかい？
いつもかくれるボク、
なかなかはずかしがりやなのさ

今日も明日も大好きな
君の真っ赤な愛を求めて
影からそっとチャンスを狙う

すきすき！すきさ
モースキーさ

水仙の花

さいとうかよこ 作詞
白谷仁子 作曲

作品へのコメント

春を知らせる春告花の水仙。
語りかけるようにやさしく歌ってください。（白谷仁子）

水仙の花

さいとうかよこ

春だと思ったのよ　きっと
少し　うなだれて　可愛い花
ほのかな黄色　優しい色

春かと　思ったのよ　きっと
手に　持つと　いい匂い
そっと　た折った　水仙の花

水道の水

藤岡きみこ 作詞
宮嶋固建 作曲

作品への
コメント

水たちは外の世界が見たくてかけてくるんですね。（藤岡きみこ）

9
mf
わた しいっと うしょう
わたしのてのひら まで ー
mf
13
mp
かけ てくるんだ ね
すいどうかん の なか でー
mp
17
mf
みずたちは
いつ もー
ぼくの でばんが
mf
20
わたしのでば んが
はや くこないか と

水道の水

藤岡きみこ

蛇口の中から
出るくる水は
おしあい　へしあい
ボク一等賞
わたし一等賞
私の手ひらまで
かけてくるんだね

水道管の中で
水たちはいつも
ボクの出番が
わたしの出番が
早くこないかと
くらい中でじっと
待っているんだね

そらへとぶクジラ

桂　ほのか

一、とおくの　とおくまで
どこまでも　ひろがる
ふかく青いうみで
そらへとぶクジラが
おしえてくれたんだ

くらく　おもいくもが
すべておおいかくし
心がふあんでも
青く　すんだそらは
いつだって　ぼくらの
上にあるんだって

二、むこうのむこうまで
どこまでもつながる
たかいなみをわけて
そらへとぶクジラが
おしえてくれたんだ

つめたいあめの日も
つよいあらしの日も
どうかおびえないで
青く　すんだそらは
いつだって　ぼくらの
上にあるんだって

だから今
ぼくらはそばにいて
風が　あのくもを
ぬぐってくれるのを
待とうよ

ほら　手をつないで

三、すみわたる　あおぞら
はれやかな　あおぞら
きらめくあのうみで
そらへとぶクジラと
ぼくらも　さあ　とぼう

つめたいあめの日も
つよいあらしの日も
どうかおびえないで
青く　すんだそらは
いつだって　ぼくらの
上にあるんだから

すきすき モースキート・ラブ

下司愉宇起　作詞
小畑 有史　作曲

作品へのコメント

この人の事キライ！と思っていたのに、ふとした拍子にとても仲良くなることがありますよね？先入観から勝手にキライになっていただけで、実は結構いいヤツだった、なんてことも。

私たちがキライな夏のアイツ。実は彼らは私たちのことが好きなのかもしれませんよ？

（下司愉宇起）

主人公の蚊がまるで、スパイのように、人間に忍び寄る様子を想像しながら歌ってみましょう。強弱と休符を意識しながら、メリハリのある、コミカルな演奏を心がけてください。（小畑有史）

13
す き さ ー も す き ー さ ー お い し そ
す き だ ー も す き ー だ ー お い し そ
17
う
う
mf
21
mf
は っ と あ わ て て め を さ ま す
は っ と あ わ て て ぼ く さ が す
mf
25
mp
き み も ぼ く が す き な の かい や み
き み も ぼ く が す き な の かい い つ

29
cresc. poco a poco
mf
に　まぎれたぼ　く　なか
も　かくれるぼ　く　なか
mp
cresc. poco a poco
33
なか　みつけられないだろ　うー　ー
なか　はずかしーがりやな　のー　さ
mf
37
1.
2.
f
きょう　も　あしたも
f
41
だいすきな　きみの　まーっかなー

45
あいをもとーめて
49
p
かげからーそーっと
ちゃんすをーねらう
sub.p
8vb
53
mf
すきすき
すきさー
もすきーさー
f
もす
58
きーさー

そっくりゆきだるま

小宮正人 作詞
北澤秀夫 作曲

作品へのコメント

楽しそうに、うれしそうに身体を動かす。（北澤秀夫）

9
おかあさんにね　そっくりだから
おかあさんがね　えがおのときに
13
うれしいな　たのしかった
よくにてる　すてきだよね
17
それーをきいてた　おかあさんは
それーをきいてた　おかあさんは
21
rit.
ぷんぷんと　おこってるよ　なんでかな
ぽろぽろ　なきだしたよ　たいへんだ
rit.

25
a tempo
3.ハ ン カ チ か し た ら ね な き な き いっ た よ
a tempo
29
ふ と っ て る か ー ら に て い るっ て ね
33
い わ れ た と お か あ さ ん が
37
か ん ち が い し て ご め ん ね て

そっくりゆきだるま

小宮正人

一、できたよゆきだるま　おおきくつくった
おかあさんにね　そっくりだから
うれしいな　たのしかった
それをきいてた　おかあさんは
ぷんぷんと　おこってるよ　なんでかな

二、かわいいゆきだるま　とけちゃうざんねん
おかあさんがね　えがおのときに
よくにてる　すてきだよね
それをきいてた　おかあさんは
ぽろぽろと　なきだしたよ　たいへんだ

三、ハンカチかしたらね　なきなきいったよ
ふとってるから　にているってね
いわれたと　おかあさんが
かんちがいして　ごめんねって
ぺこぺこと　あやまったよ　びっくりだ

そらへとぶクジラ

桂ほのか　作詞
江上惠子　作曲

作品へのコメント

歌詞の持つ、伸びやかさ、大らかさ、力強さを大切に、上昇する音型を多く使って作曲しました。

歌い始めのピアノ伴奏はビギンのリズムです。1小節に２つの波がやって来るようにイメージして、それに乗るような気持ちで歌ってください。

なめらかに歌う部分から、シンコペーションのリズムにのって盛り上げてゆく部分へと、うまくつなげてゆきましょう。（江上惠子）

mf（遠くに呼びかけるように）
unis.
9
I
II
1.とおくの とおくまで どこまでも ひろがる
2.むこうの むこうまで どこまでも つながる
mp
simile
simile
13
I
II
ふかく あおいうみで
たかい なみをわけて
そらへ とぶクジラが おしえて くれ
17
f
div.
mp
I
たんだー ー
ウ ウ
f
div. mf
II
たんだー ー
(1.)くらくー おもいくもが
(2.)つめたい あめのひーも
f
mp

21
I
II
mf
mp
ウ　ウ
(1.)こころが　ふあんでもー
(2.)どうかー　おびえないで
すべて　おおい　かくし
つよい　あらし　のひも
ウ　ウ　ウ
simile
25
f
あおくすんだそらは　いーつだって　ぼくらの　うえにあるんだ
1.
ーって　ー
dim.

33
2.
mf（リラックスして）
I
ーって　ー　だからいまぼくらは　そばにい
II
mp
mf
ーって　ー　ウ　ー　ぼくらは
2.
mp
38
て　かぜがあのくもーを　ぬぐってくれるの
f
そばにいてーあのくもーを　ぬぐってくれるの
f
f
42
（元気に、声をそろえて）
を　まとうよー　ほら　てをつないで
を　まとうよー　ほら　てをつないで

46
mf
unis.
I
II
3.すみわたる　あおぞら
はれやかな　あおぞら
simile
mp
simile
50
きらめく　あのうみで
そらへ　とぶクジラと
ぼくらも　さあ
54
f
div.
mp
I
とぼうー　ー
ウ　ウ　ウ
II
mf
とぼうー　ー
つめ　た　い　あめの　ひ　も
つよい　あらし
simile

59
I
II
mf
mp
ウ
どうか おびえ ないで
あおくすんだそら
のひも
ウ ウ ウ
あおくすんだそら
63
f
はいーつだって ぼくらの うえにあるんだ ーから
はいーつだって ぼくらの うえにあるんだ ーから
67
ritenuto - - - - - - - - - a tempo
ff
3

田んぼのかえる

藤岡きみこ　作詞
高河誠太郎　作曲

作品へのコメント

外の世界を知らないかえる君は、「うちの田んぼは世界一」だと思っているようです。"井の中の蛙大海を知らず"なんて言いますが、でもそれでよいのだと思います。いつか大海に飛び出したとき、その故郷の思い出が、何より自分を支えてくれるからです。（高河誠太郎）

（作詞者・藤岡きみこさんのコメントは85ページに掲載）

17
mf
う ち の た ん ぼ は む ら い ち ばん
mf
21
mp
お つ き さ ま お ほ し さ ま お り て こ い
mp
25
p dolce e rit.
a tempo
お り て こ い ー
a tempo
p dolce e rit.
p
29

34
p
ぎ ん が の な が れ る よ る で し た
tranquillo
p
38
mf
と な り の か え る が ゲ ロッ ク ゲ ロ ゲ ロ
mf
42
f
う ち の た ん ぼ は せ か い い ち
f
46
mp
お つ き さ ま お ほ し さ ま お り て こ い
dolce
mp
cresc. e rall.

田んぼのかえる

藤岡きみこ

月のきれいな夜でした
たんぼのかえるが
ゲロック　ゲロゲロ
うちのたんぼは村いちばん
お月さま　お星さま
おりてこい　おりてこい

銀河のながれる夜でした
となりのかえるが
ゲロック　ゲロゲロ
うちのたんぼは世界一
お月さま　お星さま
おりてこい　おりてこい

作品へのコメント

五月の田んぼではたくさんのかえるが鳴いています。
田ごとにお月さまとお昼さまがうかんでいます。
かえるたちはうちの田んぼを見てもらいたいのです。（藤岡きみこ）

小さな手

秋山くに 作詞
宮嶋固建 作曲

小さな手

秋山くに

はたらきものだよ　小さな手
ぺんをにぎって　おてがみかけば
ともだち　いっぱい　うまれるよ

はたらきものだよ　小さな手
ゆびをつかって　がっきをひけば
たのしいおんがく　うまれるよ

はたらきものだよ　小さな手
つちをたがやし　たねまきすれば
きれいなお花が　さいてくる

はたらきものだよ　小さな手
なかよしせかいが　つくれるような
やくだつぼくの手　ほしいな

机の上の旅

鳥羽山美和　作詞
木村茂雄　作曲

作品へのコメント

タブレットに向かって夢みる少年の気持ちをmelodyにしました。タブレットの二次元の世界と旅を夢見る三次元が交差する、とてもおもしろい詩に共感しました。小学生中学年、高学年に歌って欲しいと思っています。

音楽の構成はABA三部形式です。Aの部分に伴奏のピアノの高音と歌声が半音で濁るところがありますが、あえてそのようにしています。ピアノの右手はSetDrumのように、左手はelectric guitarBaseのように、機械的に演奏して下さい。

Bの部分は、一転夢見る世界です。ピアノはハープのように三拍子としていますが、常に二拍子+一拍子で弾いて下さい。（木村茂雄）

（作詞者・鳥羽山美和さんのコメントは93ページに掲載）

13
F6 Em7 Dm9 G9 C6 C9/E
I
II
ひろくてー おおきいー いろんなせ か い
とーおいー せかいへー タイムスリッ ー プ
♩= 98
17
F Gm6 F/A Gm6 F Gm6 F Gm6 F/A Gm6/B♭
mp
キ リ マ ン ジャ ー ロ
た い こ を た た い
キ リ マ ン
た い こ た
22
F/C Gm7 C7 F6 C7/E Dm7 C9 C9/E Gm6
と サ イ の む れ ー ー ー
て か り し た ひ と た ち
ジャ ー ロ と サ ー イ の ー む れ ー
た ー い て か り し た ひ と た ち

27
F Amaj9 Dm7 Am7 Dm9 Am7/C Am7/G D7/F♯ D9/A
I
み な み じゅ う じ せ い と オ ー ロ
じゅ う に ひ と え の ー お す ー ー
II
み な み じゅ う じ せ い と オ ロ
じゅ う に ひ と え の ー お す ー
32
G7 G7/F C9/E Dm7/F C9/E F C9/E F C9/G
I
ラ の カー テン せ か い ー
ま し さ ん こ だ い の
II
ラ の カ ー テン せ ー か い
ま し さ ー ん こ だ い
37
F/A Gm6/B♭ F/C G7 C7 F6 C7/E F6 B♭
I
じゅ ー う に ち り ば め ら ー れ
ひ と か ら う け つ が れ て き
II
い じゅ う に ー ち ー り ば め ら
の ひ と か ら う け つ が れ て

42
C7 F6 Dm7 Am7 C7 Dm7/F F6
I
た キ ラ キ ラ キ ラ キ ラ キ ラ ひ か る し
た み ー ら ー い ー の ー じ か ん ー は ぼ
II
れ た キ ラ キ ラ キ ラ キ ラ キ ラ ひ か る し
き た み ー ら ー い ー の ー じ か ん ー は ぼ
47
A7 A7/C♯ D7 D7/F♯ G7 G6 G9/A
poco rit.
♩= 118
I
ぜ ん の ほ う せ き ー
く ら が つ く る の ー
II
ぜ ん の ー ほ う せ き ー
く ら が ー つ く る の ー
poco rit.
f
52
Cmaj7 Cmaj7 Gmaj7 Gmaj7
mf
I
II
い ま は ー つ く え の ま ー え だ け ど ー
つ く え に お い ー た し ろ い キャン パ ス ー
mf

Am6 Dm7 A7 D7 G7
がめんを みているー だけなんだけどー
えがこういろ えんぴつで おーきなちずをー
F6 Em7 Dm9 G7 C6 C7
いつかー あるいてー さがしにいこう
いつかー であえるー おとなのじぶん
1. Fmaj7 G9 Cmaj7 Fmaj7
おきにいりの トランク もって
2. Fmaj7 F Gmaj9 Cmaj7 Cmaj9
いつかかなう ゆめに むかって
R.H.
L.H.

作品へのコメント

「おうちにいたって、旅行に行けるんだもんね！」と思いながら書いた詞に、こんなにもステキな曲を作って下さいました。メロディに乗って、いろいろな世界に出掛けてみて下さい。（鳥羽山美和）

机の上の旅

鳥羽山美和

パソコン開いて　旅してみよう
動画の中から　飛び出した
広くて大きい　いろんな世界

キリマンジャロと　サイの群れ
南十字星と　オーロラのカーテン
世界中に　散りばめられた
キラキラ光る　自然の宝石

今は机の　前だけど
画面を見ている　だけなんだけど
いつか歩いて　探しに行こう
お気に入りの　トランクもって

歴史を読んで　旅してみよう
文字の中から　飛び出した
遠い世界へ　タイムスリップ

太鼓を叩いて　狩りした人たち
十二単の　おすましさん
古代の人から　受け継がれてきた
未来の時間は　僕らが作るの？

机に置いた　白いキャンバス
描こう色鉛筆で　大きな地図を
いつか出会える　大人の自分
いつか叶う　夢に向かって

つぼみ、ひらく

おのゆうと 作詞
望月竜太 作曲

作品へのコメント

子どもというものは、大人たちが思っている以上にたくさんのことを感じ、そして考えています。笑ったり、傷ついたり、悲しんだり、怒ったり……ほんの数年、十数年の人生の中でいかに心をたくさん動かしてきたことでしょう。

祝福されて生まれてきた、その日のことを思い描き、今の自分の成長を感じるとともに支えてくれたたくさんの人々への感謝の気持ちをこめて歌ってほしいと願っています。

（おのゆうと）

4年生の「１０歳を祝う式」を想定して作曲したものですが、幅広く歌っていただける作品に仕上がったと自負しております。

細かいリズムに言葉が乗っている部分が多いですので、明瞭な発音を意識して歌ってください。また、下パートが主旋律を担当する部分では、音量のバランスを考えて主旋律が埋もれないように工夫をしましょう。（望月隆太）

8
日 ー のこと まっし ろなー き も ちー でー そっ と
日 ー のこと まっし ろなー き も ちー でー そっ と
11
ー お も い ー だ し て ー
ー お も い ー だ し て ー
mf
14

17
p
いつものーか　えりみちー　ならんだーか
p
いつものーか　えりみちー　ならんだーか
p
20
げーぼうし　いつのまにかーこん
げーぼうし　いつのまにかーこん
23
なにせーがのびたのだろうー
mp
なにせーがのびたのだろうー　ちいさなー
mp

26
mp
手 のー ひ ら たいようにかざ
手 のひらー たい よーう に ーかざし
29
cresc.
し おおきな キャンバスにー いろと りどりのー みら
おおきなー キャンバスにー いろと りどりのー みら
32
f
い えがいて ふり かえればー たく
い えがいて ふり かえればー たく

35
さんのー おもいで えーがおが あるーその
さんのー おもいで えーがおが あるーその
38
なかにはー いくつかのー かなしみや ーくるしみ
なかにはー いくつかのーーー かなしみーや
41
mf
や ちいさな いたみもある ことをー
cresc.
mf
くるしみや ちいさな いたみもある ことうけ
mf

44
cresc.
f
Ah かぞく ともだちー たくさんのーひととの つながり
とめてくーれるかぞく ともだちー たくさんのーひととの つながり
cresc.
f
47
fp
f
を ー あるいていきたい
をかんじながら あるいていきたい
fp
f
50
più f
このせかいにー たくさんのー あこが
このせかいにー たくさんのー あこが
più f

53
れ ゆ め が ー あ る ー そ の な か に は ー い く
れ ゆ め が ー あ る ー そ の な か に は ー い く
56
mf
つ かのー とまどい や ー つまずき や ち い さ
mf
つ かのー ー ー と ま ど い ー や つ ま ず き や ち い さ
59
cresc.
な な や み も あ る け れ ど ー Ah
cresc.
な な や み も あ る け ど つ め た い あ め ー ふ っ た
mf
cresc.

＊小音符を加えて演奏してもよい。
その場合、どちらか一方だけではなく、両声部の小音符を加える。

72
poco rit.- - - - - - - - - - - - - - a tempo
p
は じ めてー こ
p
は じ めてー こ
poco rit.- - - - - - - - - - - - - - a tempo
dim.
p
76
こ ろーがー ふ る えたー 日 ーのこと まっ す ぐなー ひ
こ ろーがー ふ る えたー 日 ーのこと まっ す ぐなー ひ
80
rit.- - - - - - - - - - - - - - - - - - - -
dim.
と みーでー み つ めつ づ け て ー
dim.
と みーでー み つ めつ づ け て ー
rit.- - - - - - - - - - - - - - - - - - - -
dim.

つぼみ、ひらく

おの　ゆうと

はじめて名前を　呼ばれた日のこと
まっ白なきもちで　そっと思い出して…

いつもの帰り道　並んだ影法師
いつのまにか　こんなに背が伸びたのだろう
小さな手のひら　太陽にかざし
大きなキャンバスに　色とりどりの未来えがいて

ふりかえれば　たくさんの思い出、笑顔がある
その中には　いくつかの悲しみや苦しみや
小さな痛みもあることを
受け止めてくれる　家族、友だち
たくさんの人との　つながりを
感じながら　歩いて行きたい

この世界に　たくさんのあこがれ、ゆめがある
その中には　いくつかの戸惑いやつまずきや
小さな悩みもあるけれど
冷たい雨降った後は　かならず
あたたかな虹が　架かることを
信じながら　歩いて行きたい

ゆめのつぼみ、ひらくことを
信じながら　未来へ歩いて行きたい

はじめて心が　ふるえた日のこと
まっすぐな瞳で　みつめつづけて…

とおいおと

小宮正人　作詞
小林仁美　作曲

作品へのコメント

わくわく楽しい気持ちで歌っていただけるとうれしいです。（小林仁美）

13
f
と　とおくのでんしゃの
さ　たのしくなかまと
よ　あしたはりょこうだ
17
mp
cresc.
おとだよねー　のってーいきたい　ぼうけん
やまにいるー　りょこうーできたら　みつけて
ぼうけんだー　だからーみんなで　げんきの
21
りょこうー　わくわく　するねー　ー　とおいお
みたいー　そおっと　みるよー　ー　さるいる
ために一　しっかり　ねるよー　ー　よるねる

とおいおと

小宮正人

とおいおと　とおいおと
さかさのよみかた　してみたら
ことばがおなじだ　とおいおと
とおくのでんしゃの　おとだよね
のっていきたい　ぼうけんりょこう
わくわくするね　とおいおと

さるいるさ　さるいるさ
さかさのよみかた　してみたら
ことばがおなじだ　さるいるさ
たのしくなかまと　やまにいる
りょこうできたら　みつけてみたい
そおっとみるよ　さるいるさ

よるねるよ　よるねるよ
さかさのよみかた　してみたら
ことばがおなじだ　よるねるよ
あしたはりょこうだ　ぼうけんだ
だからみんなで　げんきのために
しっかりねるよ　よるねるよ

虹色になれ

笛木あゆ 作詞
高河誠太郎 作曲

作品へのコメント

あなたの夢を大空へ飛ばしましょう。未来が虹色になるように。（笛木あゆ）

ぼくも、きみも、広い地球の、長い長い命の先にあるのだということを、詞がやさしい言葉で教えてくれるように感じます。ゆったりとおおらかな気持ちで歌ってほしいです。（高河誠太郎）

9
たいせつに そだ てたゆ め おお ぞらへとばそ う
cresc.
13
f
ぼ く の て をはな れ かぜにのりくもの むこう へ
f
17
p
き み の て をはな れ にじいろのあした になれ
dim.
p
sf
dim.
21
p
cresc.

25
mf
きょうりゅうもキリン もクジラも
おなじことねがっ て い る
mf
29
たいせつに まも ーったゆ め い
ま ここでとばそう
cresc.
33
f
みんなて をつなぎ
こえあわせよるの むこう へ
f
37
mp
おもいき りわらって
にじいろのみらい に な ー れ
mp
p

虹色になれ

笛木あゆ

地平線と水平線に
囲まれた輪の中で
大切に育てた夢
大空へ飛ばそう
ぼくの手をはなれ
風に乗り　雲のむこうへ
きみの手をはなれ
虹色の明日《あした》になれ

恐竜もキリンもクジラも
同じこと願っている
大切に守った夢
今ここで飛ばそう
みんな手をつなぎ
声あわせ　夜のむこうへ
思いきり笑って
虹色の未来になれ

ねこのここねこ

境 まさる 作詞
上田ますみ 作曲

作品へのコメント

こねこのさりげない日常を曲にしました。無限にいるであろうこねこたちの日々はエンドレスに続いていきます…。（上田ますみ）

3番は歌わない
ひぐれのげたばこのぞいてた
そこまでいっしょにかえりましょ
ここでさよならてをふった
おうちはどちら
おなまえなあに
むかえにきたのはどのこか
くるまがきたからきをつけ
よるの(𝄽)ごはんはなにかし

26
なて ら
みおほ
ーんうだーし
なんんが
とほで
っどて
くうき
にーをーたー
ーーー
かわひ
えたぐ
8va
31
つりれ
たまど
よすき
ーーー
ーーー
to ⊕
1. 2.
8va
35
rit.
(8va)
D.S.
⊕ Coda
8va
38
rit.
(8va)
8va

ねこのここねこ

境まさる

ねこのここねこ
学校の
日暮れのげたばこのぞいてた
おうちはどちら
お名前なあに
むかえにきたのはどの子かな
みんなとっくに帰ったよ

ねこのここねこ
帰り道
そこまで一緒に帰りましょ
おうちはどちら
お名前なあに
車が来たから気をつけて
横断歩道を渡ります

ねこのここねこ
また明日
ここでさよなら手をふった
おうちはどちら
お名前なあに
夜のご飯はなにかしら
星が出て来た日暮れ時

はる

たまこ

一、とおくにいたと　おもったら
　かぜにのって　やってきた
　こんにちは　はる

二、やってきたと　おもったら
　あっちのほうへ　あるいていった
　どこいくの　はる

三、あるいてったと　おもったら
　またどこかへ　きえてった
　さようなら　はる

四、きえてったと　おもったら
　いつのまにか　となりにいた
　またきたの　はる

はる

たまこ 作詞
加藤新平 作曲

作品へのコメント

ことばのもつリズムを活かしつつ、季節のうつろいを感じられるように心がけて作曲しました。和音の響きの変化も楽しみながら歌っていただけたら幸いです。

（加藤新平）

13
mf
かぜにのって　やってきた　こんにちは
あっちのほうへ　あるいていった　どこいくの
いつのまにか　となりにいた　またきたの
19
to
1. 2.
mp
こんにちは　はるー
どこいくの　はるー
p
25
3.あるいてったと
31
おもったら　またどこかへ　きえてった

さ よ う な ら
さ よ う な ら は
る ー
D.S.
Coda
ま た き た の は る
は る ー
rit.
は る

春に恋

野田裕司　作詞
小田実結子　作曲

作品へのコメント

思わず「まだですか？」と問いかけてしまうほど、春の訪れが楽しみで仕方がない。そんなワクワクした気持ちを付点のリズムにのせて表現しました。11小節で、こだまのように伴奏が入るところは、ぜひ心のなかでもう一度「まだですか？」と歌ってみてください。（小田実結子）

なな くさそ ろっ て おでむ かえ
うぐい すな いて る ホーホ ケキョ
かわい いあ しで た て もは えた
もうま てま せーん ま てま せん
はる よこ いこ い
は るに こい
rit.

春の雪

さいとうかよこ 作詞
北澤秀夫 作曲

作品へのコメント

楽しくリズムにのって、Tempoは演奏者の自由。（北澤秀夫）

13
2.ゆ　きゆ　き　はるのゆき　ち　らちら　さくらの
18
こ　さ　くらの　き
23
3.ゆ　きゆ　き　はるのゆき　サヨウ　ナ
28
ラ　ゆき　の　こ　ゆ　きのまい

春に恋

野田裕司

雪解け水は　川になり
土手の土筆が顔を出す
そろそろですか　まだですか
七草揃って　お出迎え
もう待てません　待てません
春よ来い来い　春に恋

東の風が届くころ
梅のつぼみが目を覚ます
そろそろですか　まだですか
うぐいす啼いてる　ホーホケキョ
もう待てません　待てません
春よ来い来い　春に恋

水面の音に誘われて
おたまじゃくしが踊り出す
そろそろですか　まだですか
かわいい足出た　手もはえた
もう待てません　待てません
春よ来い来い　春に恋

春の雪

さいとうかよこ

雪　雪　春の雪　チチチチ
雀の子　赤い実
雪　雪　春の雪　ちらちら
桜の子　桜の木

雪　雪　春の雪　サヨナラ
雪の子　雪の舞い

人は皆地球の兄弟

蛙屋萬斎　作詞
柳井和郎　作曲

作品へのコメント

共感して歌っていただけましたら幸いです。（蛙屋萬斎）

歌手とピアノ奏者のもと、自由で大らか、そして綺麗に演奏してください。歌声の音域は、誰でも無理なく歌えるように一点ハから二点ニに収めました。

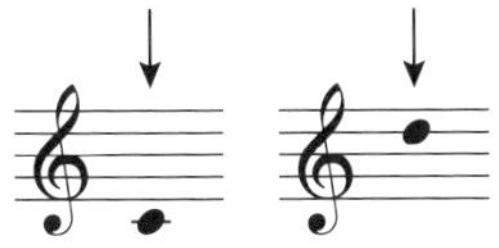

素晴らしい演奏を期待しております。（柳井和郎）

9
お ー ひ さ ま は だ い ち を て ら し ー
お つ き さ ま も だ い ち を て ら し ー
ひ と は み ん な は な れ て ー い て も
13
mf
ひ の ひ か ー り は ば ん ぶ つ ー を
み ち ー か ー け は う し お の ー み
つ か ぅ こ と ば は ち が っ て ー い
mf
16
cresc.
あ た た め ち きゅ う の い の ち
ち ー ひ で ち きゅ う の い の ち
て ー ー も ち え を だ し あ い
cresc.
19
f
そ だ て て る ー ち ー きゅ
ま も っ て る ー ち ー きゅ
た す け あ う ー ち ー きゅ
f

22
う ー の と ー う さ ん
う ー の か ー あ さ ん
う ー の きょ ー う だ い
25
dim.
お ひ さ ま は ー
お つ き さ ま ー
ひ と は み な ー
dim.
29
32

人は皆地球の兄弟

蛙屋萬斎

一、お日さまは　地球の父さん
お日さまは　大地を照らし
日の光は　万物をあたため
地球の命　育てる
地球の父さん　お日さまは

二、お月さまは　地球の母さん
お月さまも　大地を照らし
満ち欠けは　潮《うしお》の満ち干《ひ》で
地球の命　守ってる
地球の母さん　お月さま

三、人はみんな　地球の兄弟
人はみんな　離れていても
使う言葉は　違っていても
知恵を出し合い　助け合う
地球の兄弟　人はみな

ぼくは天才シェフ　クックレンジャー

吉沢美栄

一、さぁさぁさぁ　さすが　サイコー
さとう　砂糖
やわらか　焼きもの　やったね　煮もの
ぼくは天才シェフ　ぼくは天才シェフ
グッドタイミングで　さしすせそ
コミュニケーション　さしすせそ
クックレンジャーで　レッツクッキング

二、しししししし　知らなかった
しお　塩
うまみ　バランス　ととのえてみよう
ぼくは天才シェフ　ぼくは天才シェフ
グッドタイミングで　さしすせそ
コミュニケーション　さしすせそ
クックレンジャーで　レッツクッキング

三、すすすすす　ステキですね
す　す　酢
気分　スッキリ　酢のもの　サッパリ
ぼくは天才シェフ　ぼくは天才シェフ
グッドタイミングで　さしすせそ
コミュニケーション　さしすせそ
クックレンジャーで　レッツクッキング

四、せせせせせ　センス抜群
しょうゆ君
味つけ　色づけ　しょうゆ漬け
ぼくは天才シェフ　ぼくは天才シェフ
グッドタイミングで　さしすせそ
コミュニケーション　さしすせそ
クックレンジャー　たすけてくれる

五、そーそーそー　そうなんですか
みそ　味噌
風味ゆたかな　香りづけ
ぼくは天才シェフ　ぼくは天才シェフ
グッドタイミングで　さしすせそ
コミュニケーション　さしすせそ
クックレンジャーで　さあ　できあがり

ぼくは天才シェフ クックレンジャー

『第2回 新しい子どものうた作詞コンクール』
こいのぼり賞（優秀賞）受賞作品

吉沢美栄 作詞
久保共生 作曲

作品へのコメント

みんなで明るく元気に歌える曲を目指しました。途中のテンポ変化も楽しんで歌ってください。（久保共生）

mp
mf
ぼ く は てん さいシェフ グーッ(ド)タ イ ミ ン グ で さ しす せ そ
to
poco rit.
コ ミ ュ ニ ケー ション さ し す せ そ クッ ク レ ン ジャー で
ー
a tempo
レッ ツクッキング
p
1.
2.
rit.
Adagio (♩ = ca.60)
し
す

22
す すす す ステ キですね す す す
8va
24
きぶんスーッキリ すのものサッパリ
mp
ぼくはてんさいシェフ
27
ぼくはてんさいシェフ
グッドタイミングで さしすせそ
30
mf dim.
コミュニケーション さしすせそ
p
クックレンジャーで
3

Tempo I (♩ = ca.100)
ー
レッ ツクッキン グ
8va
せ
D.S.
Coda
rit.
クッ クレ ン ジャー
Ped.
Adagio (♩ = ca.60)
Allegro (♩ = ca.126)
ー
た す け て く れ ー る
そ ーそーそーそう なんですか み そ み そ

44
ふ ーうみゆ たかな か おりづーけ ぼ く はてんさいシェフ
f
47
mp
ぼ く はてんさいシェフ グーッ(ド)タ イミン グ で さ しすせそ
mf
50
コミュニケーション さしす せそ クッ クレ ンジャー で
molto rit.
Ped.
53
p
a tempo
f
ー さあできあが り
8va

僕らの未来地図

関戸由佳　作詞
関戸由佳　作曲

作品へのコメント

誰しもが一度は感じたことのある未来への不安。そんな気持ちにそっと寄り添い、背中を押せるようにと作詞作曲しました。不安になるのは通過点であり、前進している証拠です。子供たちの未来はきっと明るいと信じ、声のハーモニーを楽しみながら歌って欲しいと思います。（関戸由佳）

10
えぬみらい　あすへ　のふあんとた　たかう　なや
Uh　Ah　ふあんとた　たかう　なや
13
んでいいま　よっていい　それがいきるだいご
んでいいま　よっていい　それがいきるだいご
16
Con anima mf
B
みキラ　キラにみえたせかいは　はる
mf
みキラ　キラにみえた　せかい
mf

19
をまつーつめたいふ ゆづきのようで そのてでつ かむ たか
はー ふ ゆづきのようで そのてでつ かむ たか
22
らのありか みらいーのきぼう
らのありか みらいーのきぼう
C Cantabile
25
f
ぼくがえがくみらいちず いつかえーがおになーれ
f
f

28
る そーらに
おもいをーかくし
せをーおす ぼく
31
がー のこした
みーちしるべ
mf
34
rit.
a tempo
mp
ど
mp
a tempo
rit.

D
37
こ に い て も な に を し て て も ぼ く ら が あー ゆ む み ち
mp
40
p
を あ ん ず る い つ の ま に か ふ く ら ん で く ゆ め の せ か い ど ん
p
Uh
Uh
p
43
な き せ き が ま う の だ ろ う な い て も い い く ら
Ah き せ き が ま う の だ ろ う な い て も い い く ら

Con anima
46
mf
べ な く て いい　きみ は ひ と りじゃな い さ　まっ
べ な く て いい　きみ は ひ と りじゃな い さ　まっ
E
49
し ろ な ぼ く のキャンバ ス　く ら や み と く る し み で　そ まらぬ ように　た ち
し ろ な ぼ く の　キャンバ ス　ー　そ まらぬ ように　た ち
mf
53
ど ま る　のは　す す ん だあ か し　ト ン　ネ　ール ぬ け て
ど ま る　のは　す す ん だあ か し　ト ン　ネ　ール ぬ け て

F
Cantabile
57
f
ぼ く の きずくみ ら いちず き っ とひー か り をやー ど
60
す せー か い こ た え を ー つ く る い まのぼ く が ひ と
63
G
ff
み ーをとも す き み が た い

66
せ つ で ど う かお ー も い が と ー ど く よ う に
69
は る ー に ー さ く ら を た く ー す よ に じ い ー ろ に な
72
る き み ー の み ら い
rit.
8vb

僕らの未来地図

関戸由佳

生《い》きてゆく自分《じぶん》らしく　未来《みらい》はどんな世界《せかい》が待《ま》つの
のぼり坂《ざか》いばら道《みち》見《み》えぬ未来《みらい》　明日《あす》への不安《ふあん》と戦《たたか》う
悩《なや》んでいい迷《まよ》っていい　それが生《い》きる醍醐味《だいごみ》

キラキラに見《み》えた世界《せかい》は　春《はる》を待《ま》つ冷《つめ》たい冬月《ふゆづき》のようで
その手《て》で掴《つか》む宝《たから》の在処《ありか》　未来《みらい》の希望《きぼう》
僕《ぼく》が描《えが》く未来地図《みらいちず》　いつか笑顔《えがお》になれる空《そら》に
想《おも》いを隠《かく》し背《せ》を押《お》す　僕《ぼく》が残《のこ》したみちしるべ

どこにいても何《なに》をしてても　僕《ぼく》らが歩《あゆ》む道《みち》を案《あん》ずる
いつの間《ま》にか膨《ふく》らんでく夢《ゆめ》の世界《せかい》　どんな軌跡《きせき》が舞《ま》うのだろう
泣《な》いてもいい比《くら》べなくていい　君《きみ》は一人《ひとり》じゃないさ
真《ま》っ白《しろ》な僕《ぼく》のキャンバス　暗闇《くらやみ》と苦《くる》しみで染《そ》まらぬように
立《た》ち止《ど》まるのは進《すす》んだ証《あかし》　トンネル抜《ぬ》けて

僕《ぼく》の築《きず》く未来地図《みらいちず》　きっと光《ひかり》を宿《やど》す世界《せかい》
答《こた》えを作《つく》る今《いま》の僕《ぼく》が瞳《ひとみ》を灯《とも》す

君《きみ》が大切《たいせつ》で　どうか想《おも》いが届《とど》くように
春《はる》に桜《さくら》を託《たく》すよ　虹色《にじいろ》になる君《きみ》の未来《みらい》

ぽつねん

『第2回 新しい子どものうた作詞コンクール』
ごろちゃん賞（審査員特別賞）受賞作品

木村キリコ　作詞
藤中聖也　作曲

作品へのコメント

ぽつねんとは、ひとりでさびしそうにしている、などを表した言葉です。さびしい事は悲しかったり、怖くなったりすることもありますが、それはすごく大事で大切な時間だとも思います。ひとりでいる事も、さびしい時も、ひっくるめて自分の事を大切に生きてほしいと思います。（木村キリコ）

13
cresc.
mp
ぽ つ ねん ゆ れ る ブ ラ ン コ お で こ に ぽ つ
17
ねん ひ と り ぼっ ち で も
21
mf
さ び し く な い よ ゆ め の な か で は ー
25
rit.
dim.
♩= 76
いっ しょ の ぽ つ ねん ぽっ ぽっ ぽっ と う さん

29
てをふる わらっ てる ー ぽっ ぽっ ぽっ
33
mf
かあさん てをふるー
poco rit.
わらっ てる
♩=92
mf
poco rit.
mp
37
mp
ぽつねん
41
ぽつねん おふろは はなまで とっ ぷりぽつ

45
cresc.
ねん　ぽ つ ねん　ぽ つ ねん
cresc.
49
mp
いしをなげたら　いたっとぽつ　ねん
mp
53
ひとりぼっちでも　さびしくない
57
mf
よ　かえりが　おそいねー　まってるぽつ
mf

61
rit.
dim.
♩= 76
mp
ねん　ぽっ　ぽっ　ぽっ　とうさん　てをふる
dim.
mp
65
mf
わらってるー　ぽっ　ぽっ　ぽっ　かあさん
mf
69
poco rit.
♩= 92
てをふるー　わらってる
poco rit.
mp
cresc.
74
mf
mp

79
mp
ぽ つ ねん　ぽ つ ねん　あ り の　ぎょ う れ つ
83
か ぞ え る ぽ つ　ねん　ぽ つ ねん
87
cresc.
ぽ つ ねん　い つ の　ま　に や ら　ね て い る ぽ つ
cresc.
mp
91
p rit.
♩ = 76
mp
ねん　ぽっ　ぽっ　ぽっ　と う さん　お か え り ー
p
mp

ぽつねん

木村キリコ

ぽつねん　ぽつねん
ゆうやけたべたら
やけどのぽつねん
ぽつねん　ぽつねん
ゆれるブランコ
おでこにぽつねん
ひとりぼっちでもさみしくないよ
ゆめのなかでは
いっしょのぽつねん
ぽっぽっぽ
とうさんてをふるわらってる
ぽっぽっぽ
かあさんてをふるわらってる

ぽつねん　ぽつねん
おふろははなまで
とっぷりぽつねん
ぽつねん　ぽつねん
いしをなげたら
いたっとぽつねん
ひとりぼっちでもさみしくないよ
かえりがおそいね
まってるぽつねん
ぽっぽっぽ
とうさんてをふるわらってる
ぽっぽっぽ
かあさんてをふるわらってる

ぽつねん　ぽつねん
ありのぎょうれつ
かぞえるぽつねん
ぽつねん　ぽつねん
いつのまにやら
ねているぽつねん
ぽっぽっぽ
とうさんおかえり
うれしいぽつねん
ぽっぽっぽ
かあさんおかえり
うれしいぽつねん

ポンポンポポン

遙　北斗　作詞
神保創一　作曲

作品へのコメント

【作曲にこめた想い】

★　ポップコーンの発祥と思しき国や地域をヒントに、楽しくてほんの少しだけカッコいいメロディを、できるだけ親しみやすく弾きやすいよう、そして何より、詞の魅力をしっかりと味わってもらえるようにと努めました。

★　Aパートによる斉唱は比較的やさしく、二部合唱におけるBパートはやや難しい内容になっています。また、1番を斉唱、2番を合唱として頂くことなども自由です。取り組む子ども達にとって、本作が合唱の楽しさやハーモニーの喜びを少しでも感じてもらうきっかけになれば、ありがたく思います。

★　ピアノ伴奏のみによる歌唱を念頭に編曲していますが、指揮を伴えばより歌いやすく、表情豊かに演奏できるかと思います。

★　本作に少し含まれる拍子の変化やポリリズムなどの要素には、初めて触れる子どもや、戸惑う子どもは少なくないと思います。また、前作「うちゅうじん」（ささじかおりさん作詞）に引き続き悩ましい点ですが、リズミカルな曲は、特に子どもにとって楽譜が読みにくくなりがちです。

楽しいポップコーン作りにおける火や油、あるいはレンジの使い方と同じく、子ども達には、先ず指導者や年長者の皆さんのお手本をよく示し、曲の雰囲気や大きな流れをつかんでもらうことから始めてみてはいかがでしょうか。（神保創一）※152ページに続く

7
mp
mf
A
あ つく な れば コーンを ひとつぶ お ー と せ
ふ たを す ると つぎから つぎへと は ー じ け
B
あつく なれば コーンを ひとつぶ おーー
ふたを すると つぎから つぎへと はーー
10
(V)
A
ば ポポン と ーちゅう が え り
て ポポン と ーおお さ わ ぎ
B
と せ ば ポポン とちゅう が ーえ り
じ け て ポポン とおお さ ーわ ぎ
13
mp
mf
f
A
たちまち ー ふっくら へ んし ん だ ー
しーんと ー な ったら で きあ が り ー
B
たちまち ふっくらへんし ん だ ー
しーんと な ったらできあ が り ー

16
A
ポン ポン ポ ポ ン ポ ッ プ コー ン
B
ポン ポン ポ ポン ポ ッ プ コー ン
(8va
19
A
ポン ポン ポ ー ポン ポ ッ プ コ ー ン
B
ポン ポン ポ ポ ン ポ ッ プ コ ー ン
1.
22
A
(※ひとりひとりがこの歌の主人公！ ピアノを聴きながら…)
B
【※演奏環境などに応じて、22～30小節の間奏は省略することができます。
その場合、21小節の伴奏部分を3小節のものに置き換えた上で、4小節へと接続してください】

A
B
(…はじけるポップコーンのように楽しく、手拍子や足踏みなど体を動かしたり、掛け声をかけたりしてみましょう…)
(…みんながそろっていても、バラバラでもかまいません!)
(※歌をうたう姿勢に
戻りましょう)
rit.
8va
2.
コ ー ン
コ ー ン
(8va)

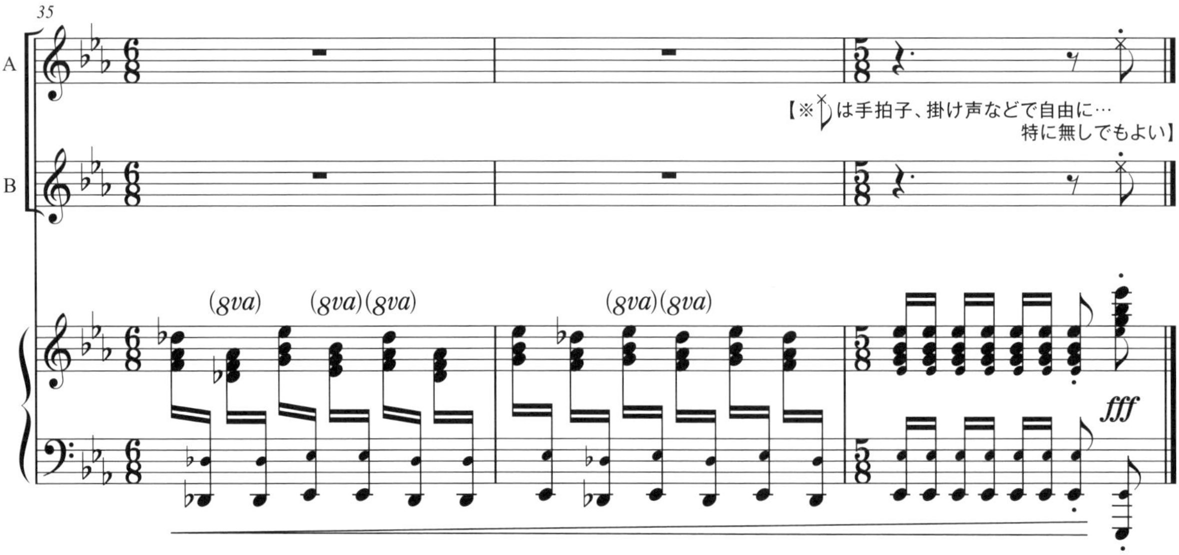

ポンポンポン

遙　北斗

フライパンに　あぶらを　いれて
あつくなれば　コーンを　ひとつぶ
おとせば　ポポンと　ちゅうがえり
たちまち　ふっくら　へんしんだ
ポンポン　ポポン　ポップコーン
ポンポン　ポポン　ポップコーン

そっといれた　のこりの　コーン
ふたをすると　つぎから　つぎへと
はじけて　ポポンと　おおさわぎ
しーんと　なったら　できあがり
ポンポン　ポポン　ポップコーン
ポンポン　ポポン　ポップコーン

作品へのコメント

【この詞の魅力】

☆　数千年も前から親しまれていたとされるポップコーン。ならば大昔の子ども達は、ポップコーンを楽しみながらどんな音を感じ、どんな歌をうたっていたのだろう…。初めてこの詞に触れたとき、すぐにそういった想いに駆られました。

☆　それを愛してきた人々の分だけ、ポップコーンの歌も、世界中に星の数ほどあるのだと思います。この詞は、そんな「ひとりひとりにあるメロディ」を、ウキウキした気分とともに自然に引き出してくれる、素晴らしいものです。

故に、作曲の機会を大変光栄に思います。どうかこの詞が本作にとどまらず、これからも多くの楽しいメロディを生み出すものとなりますように。（神保創一）

まんまるお月さま

鈴木紀代 作詞
塚本一実 作曲

作品へのコメント

四歳になった私の孫が、自分の顔ほどもある大きなおせんべにかじりついた時、ちょうどマンションの窓に浮かんだ満月のお月さまを見つけて「まんまるお月さま、このまんまるおせんべとそっくりだね」と、ニッコリ笑って言った言葉を元に、イメージをふくらませて書きました。（鈴木紀代）

お母さんが子供に歌う曲、聴くだけで楽しいですよ。（塚本一実）

そっ く り だ そっ くりだ ぼ くがおせんべかじったら
ち が ーっ て た ちがってた ぼ くがおせんべたべちゃうと
に て な い ね にてないね ぼ くがおせんべおとしたら
おせんべかけて いくように おつ き ーさまもかけて ーいくん だね ー
おせんべなくなっちゃーうけど おつ き ーさまはまるく ーまたな るよ ー
おせんべくだけ ちゃーうけど おつ き ーさまはよるの ーそらの うえ ー
to Φ
meno mosso
ゆ ーっ く り ゆ ーっ く り か けて い く ま る く な る
こ ーっ そ り こ ーっ そ り
rit.
dim.

まんまるお月さま

鈴木紀代

まんまるまんまる　お月さま
まんまるおせんべと　そっくりだそっくりだ
ぼくがおせんべ　かじったら
おせんべ　かけて行くように
お月さまも　かけて行くんだね
ゆっくりゆっくり　かけて行く

まんまるまんまる　お月さま
まんまるおせんべと　ちがってたちがってた
ぼくがおせんべ　たべちゃうと
おせんべ　なくなっちゃうけど
お月さまは　まるくまたなるよ
こっそりこっそり　まるくなる

まんまるまんまる　お月さま
まんまるおせんべと　にてないねにてないね
ぼくがおせんべ　おとしたら
おせんべ　くだけちゃうけど
お月さまは　よるの空の上
にっこりにっこり　わらってる

対象　小学校高学年向き

水色の空

さいとうかよこ　作詞
藤元薫子　作曲

作品へのコメント

空の遠くが輝いているのを見たことがありますか。そうっと目を開けてまわりをながめてみてください。輝いているものに気が付くかも知れません。みんなの心も喜びで輝くと良いですね。夢と希望をもって歌いましょう。（藤元薫子）

9
mf
f
おがわの
ながれーはっ
ながれーは
かーぜーさ
ながれーさ
13
cresc.
mf
ぱのーふねが
ながれ
なびーらーが
ながれ
ぎのーひしょう
どこへ
かなのれつして
およい
17
mf
1. 2. 3.
てる
ながれーてるー
てる
ながれーてるー
ゆく
どこへーゆくー
でる
およいーでる

水色の空

さいとうかよこ

春の日の　ゆるゆる
小川の流れ
葉っぱの舟が　流れてる

春の日の　きらきら
小川の流れ
花びらが　流れてる

春の日の　そよそよ
小川の風
さぎの飛翔　どこへ行く

春の日の　すいすい
小川の流れ
魚の列して　泳いでる
僕の心も走り出す
川は　空の海へ
続いているんだ　水色の空

みのむしくん

小泉明子 作詞
松岡まさる 作曲

作品へのコメント

そーっと「みのむし」が動く様子から、子ども達に「みのむし」に少しでも興味を持ってもらえるように感情を込めて歌えるようなメロディラインにしてみました。

（松岡まさる）

12
みてるもの　ときどきちょこんと　かおだして
きてるもの　ときどきそーっと　のぞいては
15
mf
f
おもてのようーすを　みているね
いーとのながーさを　みているね
19
mf
1.
みのむしくん　みのむしくん　みのをきるのは
みのむしくん　みのむしくん
22
どんなとき

みのむしくん

小泉明子

寒がりやなのかな
　みの虫は
真夏のお日さま暑い日も
きちんとみのを着てるもの
時々　ちょこんと顔出して
おもての様子を見ているね
みの虫くん　みの虫くん
　みのを着るのは　どんな時

こわがりやなのかな
　みの虫は
とくいのブランコ　こぐ時も
やっぱりみのを着てるもの
時々　そっとのぞいては
糸の長さを見ているね
みの虫くん　みの虫くん
　みのをぬぐのは　どんな時
みの虫くん　みの虫くん
　みのをぬぐのは　どんな時

みんな分身

山下時空 作詞
中山まり 作曲

作品へのコメント

お陰さまで、作曲家 中山まり先生より、みんな分身をすばらしい楽曲に仕上げて頂きまして、心より感謝申し上げます。

元気いっぱいの子どもたちの歌が、この世界にいつまでも響きますように。

（山下時空）

調性を変えて繰り返されるメッセージ。込み上げる気持ちを感じて歌ってください。
みんな分身、みんな繋がっているんだね！（中山まり）

14
わ らい ー ない ているひとをみて ー ない て
19
よろ こぶひとを みて ー よろ こびー おこ
24
っているひとをみて おこる まるで ぶんしんみたいだ
mf
29
1.
2.
ね まるで ぶんしんみたいだ ね まるで ね

33
37
p
mf
まるで
41
ぶんしんみたいだね まるでぶんしんみたいだね まるで
45
ぶんしんみたいだね まるでぶんしんみたいだね

49
ぼくらは ーつながっている
mf
mp
53
ここからは ーみえ ないー いとで
p
57
まるで ぶんしん みたいだ ね まるで ぶんしん みたいだ
mf
61
ね まるで ぶんしん みたいだ ね まるで ぶんしん みたいだ
to

みんな分身

山下　時空

ぼくたちは笑っている人を見て笑い
泣いている人を見て泣いて
よろこぶ人を見てよろこび
怒っている人を見て怒る
まるで分身みたいだね
まるで分身みたいだね
ぼくたちは繋がっている
ここからは見えない糸で

夕焼けさん

境 まさる 作詞
宝積侑子 作曲
川上哲夫 補作

作品へのコメント

子供たちは花、虫、動物、誰とでも仲良くなります。この詞は広い大空とも友達になり呼びかけ、語りかけています。今回このような素敵な詞に出会うことができ作曲させていただきました。子供たちの「好きな歌」に加えていただけたら幸いです。

（宝積侑子）

7
mf
mf
きょ う も ま っ か な か お を し て あ た り い ー ち め ん
きょ う は く も っ た か お を し て そ ら を し ず か に
きょ う は ど しゃ ぶ り あ め も よ う ど こ ー に ー ー も
11
f con brio
f con brio
そ ー ー め ー て ー ま す う れ し い こ と が あ っ た の か し ら
そ ー ー め ー て ー ま す か な し い こ と が あ っ た の か し ら
す ー が た が み え ま せ ん か ぜ で も ひ い て し ま っ た か し ら
15
mp
mp
ひ と り で こ っ そ り わ ら っ て な い で み ん な に み ん な に
む り し て こ こ ろ に し ま っ て な い で み ん な に み ん な に
た ま に は お う ち で ゆ っ く り し て ね あ し た は あ し た は

夕焼けさん

境まさる

夕焼けさん
今日も真っ赤な顔をして
あたり一面染めてます
うれしい事があったのかしら
ひとりでこっそり笑ってないで
みんなに話してくださいな

夕焼けさん
今日はくもった顔をして
空を静かに染めてます
悲しい事があったのかしら
無理して心にしまってないで
みんなに話してくださいな

夕焼けさん
今日はどしゃ降り雨もよう
どこにも姿が見えません
かぜでもひいてしまったかしら
たまにはお家でゆっくりしてね
明日は笑顔であいましょう

ゆめいっぱい

むかいゆうこ　作詞
むかいゆうこ　作曲

作品へのコメント

ちいさな実は、ゆめ　いっぱい。ほおをよせながら、楽しいおしゃべりを始めています。みなさんも、ちいさな実といっしょに、はっぱのお舟にのって、大空を冒険してみませんか。（むかいゆうこ）

17
a tempo
21
mp
1.さんさんさーんさんしょうのみ
2.さんさんさーんさんかようのみ
mp
25
ちいさなみはーゆめいっぱい
ちいさなみはーゆめいっぱい
29
あおいそらをみあげ
おつきさまをみあげ

33
こ え た か ら か に う た い ま す
や さ し い こ も り う た き い て い ま す
37
poco a poco cresc.
さ ん さ ん さ ー ん さ ん しょ う の き
さ ん さ ん さ ー ん さ ん か よ う の は
poco a poco cresc.
41
あ げ は ちょ う が ひ と や す み
よ ぞ ら に き ら き ら お ほ し さ ま
45
は ね を し ず か に ふ る わ せ
な が れ ぼ し を み つ け た ら

さ ん
さ ん しょ う の ゆ め を き い て い ま す さ ん
お ほ し に ね が い を か け ま しょ う
さ ん さ ん さ ん しょ う の は
さ ん さ ん さ ん か よ う の は
はっ ぱ が お ふ ね に なっ た な ら
はっ ぱ が お ふ ね に なっ た な ら
か ぜ さ ん と いっ しょ に ど こ ま で も
お ほ し さ ま の よ う に き ら め い て

65
poco rit.e dim.
おおぞら ぼうけん できるかな ー
あまのがわに しろいはな さくかな ー
poco rit.e dim.
69
a tempo
mp
さんさん さーん さんしょうのみ
さんさん さーん さんかようのみ
a tempo
mp
73
ふっくら あかい ほおよせて
ふっくら あいいろ ほおそめて
77
えがおが こぼれて はじけたら
しろいはなの ようせいと

81
と び だ す た ね は き ぼ う ー で す
ゆ め の な か で お ど り ー ま す
86
to
Coda
D.S.
90
8va
p
94
(8va)

ゆめいっぱい

むかいゆうこ

さん　さん　さん　さんしょうの　み
ちいさな　み　は　ゆめ　いっぱい
あおい　そらを　みあげ
こえ　たからかに　うたいます

さん　さん　さん　さんしょうの　き
あげはちょうが　ひとやすみ
はねを　しずかに　ふるわせ
さんしょうの　ゆめを　きいています

さん　さん　さん　さんしょうの　は
はっぱが　おふねに　なったなら
かぜさんと　いっしょに　どこまでも
おおぞら　ぼうけん　できるかな

さん　さん　さん　さんしょうの　み
ふっくら　あかい　ほお　よせて
えがおが　こぼれて　はじけたら
とびだす　たねは　きぼう　です

さん　さん　さん　さんかようの　み
ちいさな　み　は　ゆめ　いっぱい
おつきさまを　みあげ
やさしい　こもりうた　きいています

さん　さん　さん　さんかようの　は
よぞらに　きらきら　おほしさま
ながれぼしを　みつけたら
おほしに　ねがいを　かけましょう

さん　さん　さん　さんかようの　は
はっぱが　おふねに　なったなら
おほしさまの　ように　きらめいて
あまのがわに　しろい　はな　さくかな

さん　さん　さん　さんかようの　み
ふっくら　あいいろ　ほお　そめて
しろい　はなの　ようせいと
ゆめの　なかで　おどります

わたしにいもうとできたの

高岡きょう子

一、くりくり　おめめの　あかちゃんは
わたしの　いもうと　うれしいな
でも　でも　でもね　おかあさん
わすれないでね　わたしのことも

二、おうちの　ちいさい　にんきもの
わたしの　いもうと　だいすきよ
でも　でも　でもね　おかあさん
だっこしてよね　わたしのことも

三、すやすや　ねむった　いもうとは
おくちを　もぐもぐ　かわいいな
でも　でも　でもね　おかあさん
ずっとみててね　わたしのことも

わたしにいもうとできたの

高岡きょう子　作詞
平井　由美　作曲

作品へのコメント

私の子どもの時の気持ちです。（高岡きょう子）

いもうとができたうれしさと、おかあさんをとられないかのちょっぴりの不安を音で表現しました。暗くならず、お母さんに呼びかけるところは甘えるように歌ってみましょう。（平井由美）

8
うれしいな でも でもでもね おかあさん
だいすきよ でも でもでもね おかあさん
かわいいな でも でもでもね おかあさん
11
1. 2.
わすれないでね わたしのことも
だっこしてよね わたしのことも
14
3.
ずっとみててね わたしの ー こと
8va
18
も
8va

新しい子どもの歌2022

令和4年8月30日 第1版第1刷

編・著者　全日本児童音楽協会
東京都新宿区西新宿3-9-28-301
Office.SHIMOJISSIMO内
電話：03-6383-3936 FAX:03-6300-9937

発　行　株式会社ハンナ
東京都目黒区中目黒3-6-4中目黒NNビル2F
電話：03-5721-5222

表紙イラスト：果那ときお
表紙デザイン：根津美樹
楽譜浄書：ディーセブン
印刷・製本：モリモト印刷株式会社

子どものための楽曲創作を目的として発足し、半世紀を越える歴史を持つ作詞家と作曲家による作家団体である全日本児童音楽協会が編纂した子どもの曲集

新しい子どもの歌 2018

全日本児童音楽協会編

B5版 48ページ
定価1,600円（税込1,760円）

ISBNコード：9784907121716
JANコード：4524518008991

「空ってきれい」「オカリナを吹く少女」「すぐ」「I'm so glad to meet you」「落ち葉のかけっこ」「すみれ物語」など全17曲を収めた、ピアノ伴奏譜つきの子どもの歌の楽譜集。

○空ってきれい
作詞：さいとうかよこ／作曲：柳井和郎

○大好きふるさと かいでん馬
作詞：平川文夫／作曲：藤元薫子

○少女
作詞：平川文夫／作曲：中山まり

○オカリナを吹く少女
作詞：平川文夫／作曲：岩下周二

○虹色の気球にのって
作詞：田沢節子／作曲：塚本一実

○春がそこまで
作詞：長谷川智子／作曲：藤元薫子

○すぐ
作詞：下司愉宇起／作曲：北澤秀夫

○I'm so glad to meet you
作詞：小泉喜美子／作曲：藤元薫子

○秋なのに
作詞：小泉喜美子／作曲：宝積侑子

○ジャガランダの花
作詞：小泉喜美子／作曲：宮嶋固建

○すずめのおしゃべり
作詞：林みやこ／作曲：上田ますみ

○赤い実
作詞：林みやこ／作曲：北澤秀夫

○落葉のかけっこ
作詞：林みやこ／作曲：宮嶋固建

○ねぎぼうず
作詞：藤岡きみこ／作曲：北澤秀夫

○もぐらが眼鏡を
作作詞：藤岡きみこ／作曲：宮嶋固建

○すみれ物語
作詞：藤岡きみこ／作曲：ほうづみひでのり

○春でしょか
作詞：小泉明子／作曲：北澤秀夫

新しい子どもの歌 2019

全日本児童音楽協会編

B5版 48ページ
定価1,600円（税込1,760円）

ISBNコード：9784907121761
JANコード：452451800900

「雲のかげぼうし」「千羽鶴」「手と目で伝え合えたら」「萩の花」「まねっこいぬ」など全16曲を収めた、ピアノ伴奏譜つきの子どもの歌の楽譜集

○**赤い貝白い貝さくら貝**（小学校高学年向け）
作詞：平川文夫／作曲：柳井和郎

○**まいごのこいぬ**（小学校中学年以上向け）
作詞：林みやこ／作曲：ほうづみひでのり

○**雲のかげぼうし**（小学校高学年向け）
作詞：小泉喜美子／作曲：中山まり

○**急ぎあし**（小学校低学年向け）
作詞：長谷川智子／作曲：藤脇千洋

○**氷河のお話**（小学校高学年向け）
作詞：小泉喜美子／作曲：中西明子

○**いちりんのはな**（小学校中学年〜大人まで）
作詞：下司愉宇起／作曲：岩下周二

○**千羽鶴**（小学生の古典＆ポップ）
作詞：藤岡きみこ／作曲：塚本一実

○**まっかだよ**（小学校高学年向け）
作詞：林みやこ／作曲：北島幸作

○**風船かずら**（小学校高学年以上向け）
作詞：小泉明子／作曲：上田ますみ

○**手と目で伝え合えたら**（小学校中学年向け）
作詞：平川文夫／作曲：北澤秀夫

○**萩の花**（合唱への導入・小学校３年生くらい）
作詞：藤岡きみこ／作曲：北澤秀夫

○**まねっこいぬ**（小学校低学年向け）
作詞：林みやこ／作曲：藤元薫子

○**アリのきょうだい**（小学校中〜高学年向け）
作詞：藤岡きみこ／作曲：藤元薫子

○**群れ飛ぶ赤トンボ**（小学校中学年以上向け）
作詞：澁谷博／作曲：宝積侑子

○**めだかのあかちゃん**（小学校低学年向け）
作詞：平川文夫／作曲：宮嶋固建

○**Children's daily life**（小学校高学年向け）
作詞：小泉喜美子／作曲：宮嶋固建

新しい子どもの歌 2020

全日本児童音楽協会編

B5版 52ページ
定価1,980円（税込2,178円）

ISBNコード：9784907121297
JANコード：452451801036

子どものための楽曲創作を目的として発足し、半世紀を越える歴史を持つ、作詞家と作曲家による作家団体「全日本児童音楽協会」が編纂した、子どものための曲集「新しい子どもの歌」の第3弾です。この曲集には、何気ない日常のことから広い世界のこと、くすっと笑えたりなるほどと感慨深くなったり・・・色々な景色や感情につれていってくれる素敵な詞とメロディーの全16作品がおさめられています。子どもたちだけではなく大人にもぜひ歌ってほしい、私たちの心を解き癒してくれる、懐かしくてあたたかい音楽をぜひお楽しみください。（下司愉宇起）

○今日のお風呂
作詞：小泉明子／作曲：藤元薫子

○あめあめふれふれ
作詞：平川文夫／作曲：中山まり

○まだ寒い
作詞：小泉明子／作曲：北澤秀夫

○あくびがリレー
作詞：藤岡きみこ／作曲：宮嶋固建

○みのむし
作詞：藤岡きみこ／作曲：宝積侑子

○サンゴが歌う　白い砂浜
作詞：黒田勲子／作曲：岩下周二

○フリージァ
作詞：平川文夫／作曲：藤脇千洋

○たんぽぽのわた毛
作詞：藤岡きみこ／作曲：藤元薫子

○マッターホルン雲の上
作詞：こいずみきみこ（西脇久夫補作）／作曲：島田克也

○金木犀
作詞：小泉喜美子（西脇久夫補作）／作曲：新藤理恵

○さよなら秋
作詞：小泉明子／作曲：柳井和郎

○歌がうまいねあの子
作詞：平川文夫／作曲：宮嶋固建

○あじさいの花
作詞：田沢節子／作曲：北澤秀夫

○海は、ゆっくり深呼吸
作詞：小泉喜美子（西脇久夫補作）／作曲：上田ますみ

○9がつのおくりもの♪
作詞：下司愉宇起／作曲：塚本一実

○わたしはけしゴム
作詞：藤本美智子／作曲：藤元薫子

新しい子どもの歌 2021

全日本児童音楽協会編

B5版 184ページ
定価2,800円（税込3,080円）

ISBNコード：9784907121327
JANコード：4524518010390

未来を担う子どもたちの心の引き出しに、今生まれ生きる音楽を提供することを目標に毎年新作こどものうたを発表している全児童音楽協会の2021年作品集。あたらしい、たのしい・うれしい・おもしろいが詰まった一冊。発表会やレクリエーション、さまざまなシーンでユニークな演出が期待できます。（下司愉宇起）

○**春の小さな芽**（小学校高学年から）
作詞：黒田勲子／作曲：石水誠

○**丘にのぼれば**（小学校中学年から）
作詞：小泉明子／作曲：小林聡羅

○**くるった時計**（小学校中学年向き）
作詞：小泉明子／作曲：久米詔子

○**故郷のうた**（小学校５年生から）
作詞：小泉明子／作曲：藤元薫子

○**秋が終ろうとしている**（小学校高学年から）
作詞：さいとうかよこ／作曲：中田恒夫

○**声は心のハーモニー**（小学校３年生から）
作詞：宍戸幽香里／作曲：藤元薫子

○**ゆきの山の動物園**（小学校低学年向き）
作詞：宍戸幽香里／作曲：安元麦

○**小人の大工さん**（小学校低学年向き）
作詞：藤岡きみこ／作曲：藤脇千洋

○**春はいつか**（小学校低学年向き）
作詞：藤岡きみこ／作曲：藤中聖也

○**れんげ草**（小学校高学年から大人まで）
作詞：藤岡きみこ／作曲：白谷仁子

○**木の気分**（小学校低学年から）
作詞：藤本美智子／作曲：北澤秀夫

○**かるがもママ**（小学校3、4年生向き）
作詞：安倍暁／作曲：木村茂雄

○**ジャンケンポン**（小学校低学年向き）
作詞：大きな耳／作曲：宮嶋固建

○**きんもくせい**（小学校高学年から）
作詞：桂ほのか／作曲：伊沢天寿

○**はるのさんぽみち**（小学校低学年から高学年）
作詞：小宮正人／作曲：小田実結子

○**ごせんぞさま**（小学校低学年から中学年）
作詞：境まさる／作曲：小林仁美

○**タイムマシン**（小学校低学年から）
作詞：佐久間英興／作曲：北澤秀夫

○**うちゅうじん**（全学年対象）
作詞：ささじかおり／作曲：神保創一

○**せいたかのっぽのきりんさん**（幼稚園児から小学校低学年）
作詞：佐藤きりん／作曲：宝積侑子

○**それは何じゃ**（小学校中学年から大人まで）
作詞：白土義隆／作曲：新藤理恵

○**ハートフルアース**（小学校中学年から高学年向き）
作詞：野田裕司／作曲：久保共生

○**おはよう通学路**（小学校低学年から）
作詞：ひろひろ／作曲：北澤秀夫

○**うたがうまれた**（小学校中学年向き）
作詞：やまぐちりりこ／作曲：平井由美

○**ぞうのゆめ ありのゆめ**（小学校低学年用）
作詞：やまぐちりりこ／作曲：中山まり

○**ゆっくりくるり**（小学校中学年向き）
作詞：山下時空／作曲：小畑有史

○**オオイヌノフグリ**（小学校高学年以上から大人まで）
作詞：田沢節子／作曲：柳井和郎

○**朝の雲**（小学校高学年向き）
作詞：小泉喜美子／作曲：宮嶋固建

○**ぼくらは 元気 ひかりの子**（小学校４学年から）
作詞：小泉喜美子／作曲：藤元薫子

○**すてきなプレゼント**（小学校低学年から中学年向き）
作詞：黒田勲子／作曲：宮嶋固建

○ **いろ**（小学校高学年から）
作詞：下司愉宇起／作曲：木下紀子

○**うっかりお月**（小学校低学年から）
作詞：下司愉宇起／作曲：岩下周二

○**ともだちになろうよ！**（小学校低学年から）
作詞：下司愉宇起／作曲：塚本一実

○**空の色**（小学校４学年から）
作詞：おのゆうと／作曲：望月竜太

○**小さな手**（小学校高学年から大人まで）
作詞：江上惠子／作曲：江上惠子

○**希う**（小学校高学年から大人まで）
作詞：関戸由佳／作曲：関戸由佳

○**もうすぐ夜明け**（小学校高学年から）
作詞：小泉喜美子／作曲：上田ますみ

■全日本児童音楽協会創立60周年記念　新しい子どものうた作詞コンクール

○**踏み出そう！**（子どもの部チューリップ賞）
作詞：リコピン／作曲：安元麦

○**未来につなげ**（子どもの部こいのぼり賞）
作詞：入山結衣／作曲：加藤新平

○**はるのうた**（子どもの部すいか賞）
作詞：ブルーミング・レイ／作曲：ブルーミング・レイ（補作曲）新藤理恵

○**あなたが産まれた朝に**（大人・一般の部チューリップ賞）
作詞：鳥羽山美和／作曲：小林聡羅

○**そらとうみとおほしさま**（大人・一般の部こいのぼり賞）
作詞：とりをなみ／作曲：上田ますみ

○**ぼくはぞうだぞう**（大人・一般の部ゴロちゃん賞）
作詞：鈴木紀代／作曲：塚本一実

■全全日本児童音楽協会 創立60周年記念曲

○**ザ・かえる・オーケストラ**（小学校低学年から）
作詞：だてしゅん／作曲：新藤理恵

○**なみはけしごむ**（小学校高学年向き）
作詞：岩城建／作曲：宝積侑子

○**庭の木蓮**（小学校高学年から）
作詞：下司愉宇起／作曲：青島広志

○**母の思い出**（小学校高学年向き）
詞：宍戸幽香里／作曲：宍戸幽香里

○**ぼくが鳥になったら**（小学校低学年から）
作詞：西多賀ベッドスクール児童／作曲：松村禎三

○**ゆずの木**（小学校全般向き）
作詞：杉山かずひで／作曲：上田ますみ